RONDAS DE RODARI

Juan Carlos Martín Ramos

Ilustraciones de **Neus Caamaño**

kalandraka

A Lurdes,
porque todas las palabras que escribo
me hablan de ella.

ÍNDICE

Las citas que aparecen antes de cada poema pertenecen a obras de Gianni Rodari.

«Los errores no están en las palabras,
sino en las cosas; hay que corregir los dictados,
pero sobre todo hay que corregir el mundo.»

Gianni Rodari

RONDAS DE RODARI

A la ronda, ronda
de Gianni Rodari,
maestro, cuentista,
¿vale «versolari»?

(La rima es difícil,
pero sale gratis
jugar con las letras,
sacar punta al lápiz.)

A la ronda, ronda
de Gianni Rodari,
lector, periodista,
mago, ¿rastafari?

(Rimar con su nombre
no es cosa tan fácil,
hay pocas palabras
que acaben en -ari.)

A la ronda, ronda
de Gianni Rodari,
a cazar más rimas
me voy... ¡de safari!

... mi padre era panadero y se llamaba Giuseppe.

EL HIJO DE GIUSEPPE, EL PANADERO

El hijo de Giuseppe, el panadero,
dejó un rastro de migas
al volver del colegio.

El hijo de Giuseppe, el panadero,
era en medio del trigo
una amapola al viento.

El hijo de Giuseppe, el panadero,
amasaba palabras
y horneaba argumentos.

El hijo de Giuseppe, el panadero,
se metía en harina
para cumplir sus sueños.

El hijo de Giuseppe, el panadero,
trajo un pan bajo el brazo,
masa madre para todos los cuentos.

SF
CYN
B
U
TEK
VP
M
L
AÑW
Q
J
I
D
X
G
O
R
H
Z

A

Llegaba gente de todas partes para ver al niño al que le crecían margaritas en la cabeza.

FLORES EN LA CABEZA

A aquel niño le creció
una planta en la cabeza,
le brotaban flores blancas
que olían a primavera.

El niño también creció,
y de joven su cabeza
lucía, en vez de cabellos,
una larga enredadera.

El joven se hizo mayor,
al sacudir su cabeza
caían frutas maduras,
ramas rotas y hojas secas.

Cuando aquel niño fue viejo,
una encina en su cabeza
cantaba llena de pájaros,
daba sombra y buena leña.

A aquel niño que vivió
floreciendo en primavera,
hondas raíces de sueños
le crecieron en la tierra.

¡Estrellas! ¡Estrellas de verdad! ¿Quién las quiere?

LA VENDEDORA DE ESTRELLAS

Decía de plaza en plaza:
«¡Vendo estrellas de verdad!
¡Las traigo desde muy lejos
por si las quieres tocar!».

A voz en grito anunciaba
las estrellas más brillantes,
estrellas de noches mágicas,
colas de estrellas fugaces.

Sus nombres también brillaban:
Sirio, Altair, Aldebarán...
Los regalaba por nada,
por escucharlos, sin más.

Vendía estrellas pequeñas
como broches para el pecho
y las entregaba envueltas
en un pedazo de cielo.

De las grandes, la más cara
era la estrella polar,
pero ofrecía a buen precio
su reflejo sobre el mar.

Su catálogo de estrellas
era todo el universo,
constelación infinita
que iluminaba los sueños.

De plaza en plaza decía:
«¡Vendo estrellas de verdad!
¡Las traigo desde muy lejos
por si las quieres tocar!».

Quiero subir a la luna
por los versos de un poema,
tener el mundo a la vista
y vigilarlo de cerca.

Quiero contar uno a uno
los niños de este planeta,
cuántos no tienen infancia,
cuántos crecen sin escuela.

Quiero averiguar si el mar
ya no cabe en su bañera,
saber si son de mentira
las rayas de las fronteras.

Quiero subir para ver
lo que sucede en la Tierra,
si se derrite la Antártida,
si se destruye la selva.

Quiero subir a la luna,
allí tengo la cabeza,
quiero que sean mis versos
peldaños de una escalera.

POETA EN LA LUNA

Tiene que ser un poeta
el que vaya a alunizar,
que con la cabeza en la luna
tiene costumbre de estar...

Una historia solo puede nacer
de un «binomio fantástico».

PAREJAS DISPAREJAS

La luna y un sacacorchos,
un hada y un telescopio.

El mar y una marioneta,
una alfombra y un poeta.

Un lagarto y un reloj,
un faro y un caracol.

Un tren y una mariposa,
un payaso y una esponja.

Una sombra y un disfraz,
una bruja y un dedal.

Un elefante y un diábolo,
un astronauta y un gato.

Un huevo y una castaña,
don Quijote y Sancho Panza.

Son parejas disparejas,
tantas hay como tú quieras.

Con ellas inventa un cuento,
¡cuéntalo y verás qué invento!

La guerra queda interrumpida inmediatamente.
Poetas y músicos son enviados a los cuatro puntos cardinales en busca de las dos palabras perdidas.

GUERRA DE POETAS

–En la punta de la lengua
tengo la rima de un verso.

–En el fondo del tintero
guardo el final de un soneto.

–En las hojas de los árboles
oigo cantos y silencios.

–El murmullo de un arroyo
me dicta sus pensamientos.

–Entrelazo las palabras
con el hilo de mis sueños.

–El cuaderno donde escribo
es un río entre mis dedos.

–Nombro estrellas invisibles,
pongo voz a los secretos.

–Con letras hago caminos
que acercan lo que está lejos.

–Si soy poeta lo soy
porque la luna es mi espejo.

–Que soy poeta lo sé
porque me lo ha dicho el viento.

(Y así, hasta el fin de la guerra,
poetas del mundo entero,
sin heridas ni banderas,
van disparando sus versos.)

Quisiera que pusieran
los pupitres en círculo
como están en las ferias
los caballitos del tiovivo.

EL SEÑOR MAESTRO

Allí va Gianni, el maestro,
montado en su bicicleta,
sus ruedas rodando trazan
el camino de la escuela.

Quiere llegar el primero
y dejar la puerta abierta,
quiere borrar la pizarra,
poner al día la fecha.

Quiere que gire la bola
del mundo sobre su mesa
y convertir los pupitres
en caballitos de feria.

Quiere Gianni que en el aula
haya libros y libretas,
palabras para leer,
tinta para escribir letras.

Que la lengua sea un juego,
que la historia, una gran fiesta,
inventar fórmulas mágicas
con las sumas y las restas.

Cuando Gianni habla a los niños
no hay preguntas sin respuesta,
no hay dudas que no se aclaran
ni cuentos que no se cuentan.

¡Allí va Gianni, el maestro!
Quiere que brille en la escuela
el sol de la fantasía,
la voz de la inteligencia.

He conocido a un niño que era siete niños.

UNO Y SIETE

Uno,
da igual donde imagines
su lugar en el mundo.

Uno
    y dos,
la risa es el idioma
que ilumina su voz.

Uno, dos
    y tres
dibujan en la arena,
en la nieve, en papel.

Uno, dos, tres
    y cuatro
corren detrás del viento,
tengan o no zapatos.

Uno, dos, tres, cuatro
  y cinco
juegan a ser mayores,
a inventar un oficio.

Uno, dos, tres, cuatro, cinco
    y seis,
letras, huellas o estrellas
aprenden a leer.

Uno, dos, tres, cuatro, cinco, seis
    y siete
son la paz, la alegría,
iguales, diferentes.

Siete,
    seis,
        cinco,
            cuatro,
                tres,
                    dos,
uno y siete,
el futuro en sus manos
es el mejor juguete.

A la una, como es martes,
sale el tren que va a todas partes.

EL TREN QUE VA A TODAS PARTES

Espero en esta estación
el tren que va a todas partes.
Llega a veces con retraso
y otras veces llega tarde.

Como no sé adónde iré,
voy ligero de equipaje,
con la maleta vacía
para guardar los paisajes.

No se sabe si va o viene
el tren que va a todas partes,
puede parar siempre o nunca,
en una aldea o en Marte.

Me lleve donde me lleve,
ya sé que veré lugares
que no vienen en el mapa
o tal vez no son reales.

En esta estación espero
el tren que va a todas partes.
A veces pasa de largo
y otras veces sigue el viaje.

No me quitaba jamás el sombrero
sin descubrirme la cabeza.

UN TAL DON PEROGRULLO

Era un tal don Perogrullo
un extraño personaje,
nunca se quedaba en casa
cuando salía a la calle.

Ignoraba por completo
todo lo que no sabía,
si el sol brillaba en el cielo
decía que era de día.

Cuando no se daba cuenta
no se enteraba de nada,
y cuando tenía miedo
normalmente se asustaba.

«¿Dónde va, don Perogrullo?»,
le preguntó su vecino.
«Voy adonde van mis pies»,
dijo, y siguió su camino.

Gritaba alzando la voz,
escribía por escrito,
cuando llegaba decía:
«¡Aquí estoy porque he venido!».

¡Qué raro, pero qué raro
era el tal don Perogrullo!
Cuando firmaba añadía:
«Soy yo, no tú ni un intruso».

Y en medio del Coliseo
hay un gato que hace:
«¡Marrameeeo!».

LAS SIETE VIDAS DEL GATO

Siete vidas tiene un gato,
me dijeron de pequeño,
pero yo, por si es un cuento,
no pongo ninguna en riesgo.

Siete vidas ya son pocas
para lucir mis bigotes,
que el tiempo pasa deprisa,
corre más que los ratones.

Siete vidas no son nada
para ser libre y feliz,
para maullar a la luna,
para comer y dormir.

Siete vidas, siete ratos,
siete bazas, siete veces,
apenas siete suspiros
que escapan como los peces.

Poca cuerda para un gato,
para un ser aventurero,
para un cazador de historias
que caza con pasos lentos.

Quiero vivir a mis anchas,
sin reloj, sin calendario,
que el tiempo pasa deprisa
y vuela como los pájaros.

Señoras y señores,
venid ya sin tardanza
al museo de los errores,
el de las perlas más raras.

EL MUSEO DE LOS HERRORES

«Museo de los Herrores»,
dice un cartel en la puerta.
El primer error, la hache,
¿o es la «e», que está mal puesta?
Sigamos al cicerone
y leamos lo que cuenta.

«Observad este reloj
que marca el tiempo hacia atrás,
con él llegarás muy tarde
o no llegarás jamás.
Por eso, si escuchas, suena
tac-tic, pero no tic-tac.»

«Este gran globo aerostático
no sirve para viajar,
siempre va donde va el viento,
y si no hay viento, ni va.
Para dar la vuelta al mundo
debes dejarte llevar.»

«Con esta varita mágica,
un hada quiso jugar
a confundir los deseos,
a cambiar la realidad.
A un niño le dio la luna,
a un soldado, un mundo en paz.»

«Aquí tenéis este libro
que no se puede cerrar,
sus personajes no quieren
vivir en la oscuridad.
Ni se cierra ni se acaba,
porque no hay punto final.»

«Museo de los Herrores»,
dice un cartel en la puerta.
¿O debe decir «orrores»?
¡Vaya lío con las letras!
¡Qué difícil saber cuándo
las cosas están bien hechas!

... ha llegado un barco cargado de aes.

EL PESCADOR DE LETRAS

Hubo una vez
un pescador de letras
que, en un río revuelto,
pescó una Z.

La Z de un zapato
que nadaba (¿o andaba?) en zigzag,
que trajo la corriente
de camino hacia el mar.

También pescó la L
de una lata vacía
y una H intercalada
que encontró a la deriva.

Pero, ¡ay!, jamás pescó
la P de ningún pez
y nunca tuvo nada
que echar a la sartén.

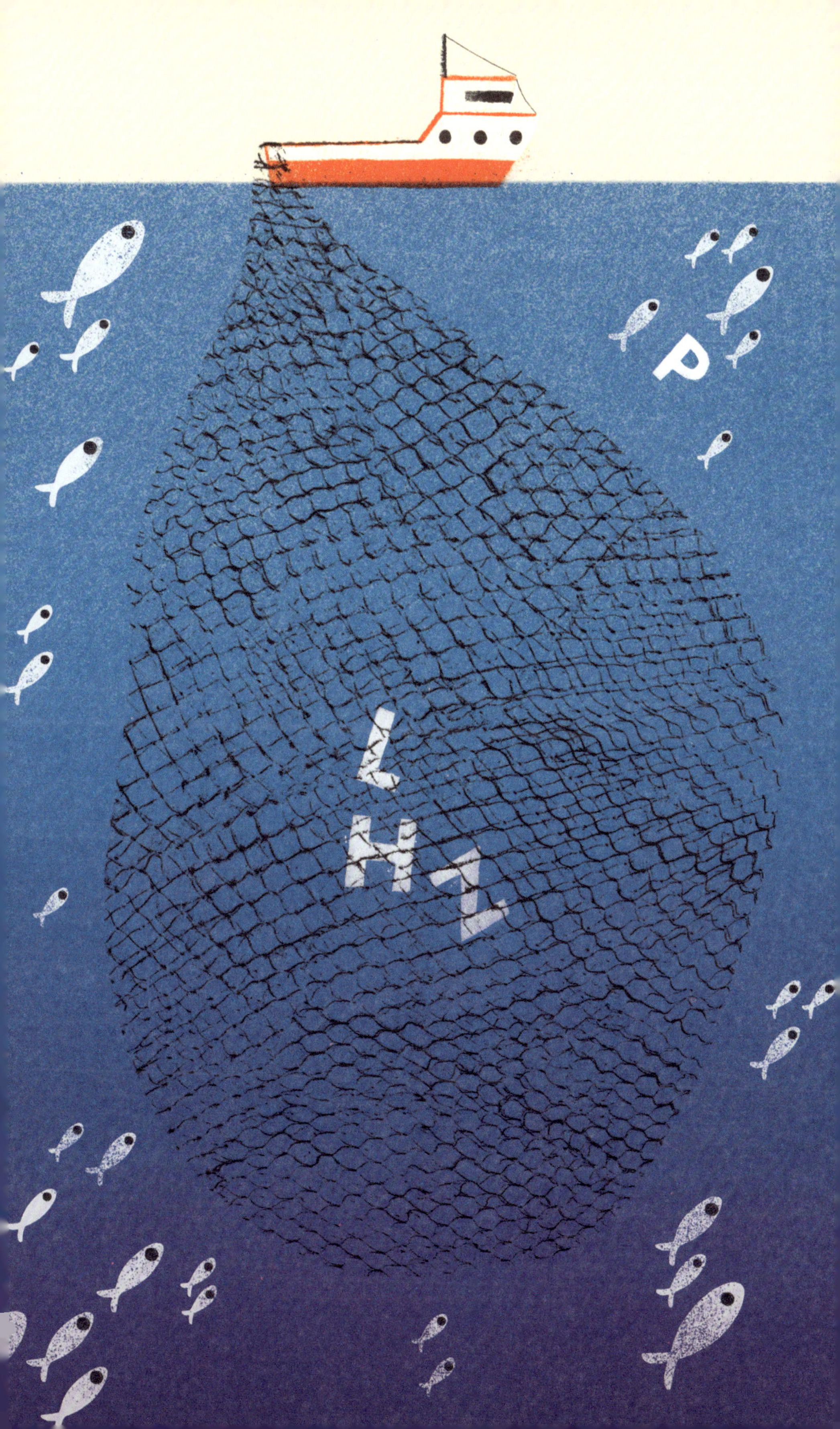

En todas las cosas que ves hay un «porqué».

PORQUES Y PORQUÉS

¿Por qué hay tantos porqués
sin responder?
¿Porque nadie se atreve
o porque qué?

¿Por qué los gatos no responden
cuando los llamas por su nombre?

¿Por qué la luna cuando sale
piensa que no la mira nadie?

¿Por qué el mar se queja y estalla
cuando llega herido a la playa?

¿Por qué en las ramas de los árboles
canta el pájaro y habla el aire?

¿Por qué, si está enjaulado el tigre,
el payaso se pone triste?

¿Por qué el zapato del poeta
tiene un agujero en la suela?

¿Por qué, como en algunos libros,
no pueden gobernar los niños?

¿Por qué no se presta atención
al signo de interrogación?

¿Por qué,
por qué hay tantos porqués
sin responder?

¿Por qué, por qué, por qué, por qué,
por qué, por qué, por qué,
por qué, por qué,
por qué?

Hay mucha gente... que en toda su vida
nunca levanta la mano para dar su opinión.

DAR TU OPINIÓN

Levanta la mano
y da tu opinión
si no estás de acuerdo
o ves un error.

Si nadie habla claro
ni da explicación,
levanta la mano
y di: «¡Así no!».

Levanta la mano,
y también la voz,
si pasa algo injusto
a tu alrededor.

Si hay niños con hambre,
sin educación,
entonces di: «¡Viva
la revolución!».

LOS MUNDOS DEL TEATRILLO

Si el mundo fuera
como quiere Arlequín,
la luna cada noche
se echaría a reír.

Si el mundo fuera
como quiere Pierrot,
no pasaría el tiempo,
nadie diría adiós.

Si fuera el mundo como
quiere Polichinela,
durante todo el año
sería primavera.

Si el mundo fuera el mundo
que quiere Colombina,
no habría hilos que atasen
los pies de la alegría.

Si fuera el mundo como
quiere el titiritero,
cabría en su maleta
y él sería su dueño.

Incluso una vez se termina el cuento, sigue existiendo la posibilidad del «después».

EL PRINCIPIO Y EL FINAL DE UN CUENTO

–Soy el principio de un cuento.
–Y yo, el final.
–Me alegro de conocerte.
–¡Pues tú dirás!

–Había una vez...
–¡Y colorín colorado!
–Érase una vez...
–¡Este cuento se ha acabado!

–¡Oye, que soy el principio,
déjame empezar!
–Si eres principio y empiezas,
tienes ya que terminar.

–Pero si callo, ¿quién cuenta
lo que sucede después?
–Cada cual que se lo invente,
y luego yo seguiré.

–¡Pues vaya cuento más raro,
que no cuenta casi nada!
–Igual que todos los cuentos,
empieza y acaba,
¡si es que antes no se ha dormido
el niño que lo escuchaba!

COMO UNA SONRISA

Érase una vez,
según mis pesquisas,
un cuento tan largo
como una sonrisa.

Contaba la historia
de una pitonisa
que puso derecha
la torre de Pisa.

Tan largo, tan largo
como una sonrisa,
empezó de pronto
y acabó deprisa.

Contaba la historia
de una poetisa
que se puso triste
y le dio la risa.

Tan largo, tan largo
como una sonrisa,
duraba lo mismo
que un soplo de brisa.

Contaba la historia
de la Mona Lisa,
que vive en un cuadro
con mueca imprecisa.

Los cuentos son largos.
Según mis pesquisas,
tan largos, tan largos
como una sonrisa.

GR

Y lo que después ocurrió
no os lo diré yo...

CUENTOS INACABADOS

Había una vez un niño
que volaba con el viento.
Lo que le pasó en las nubes
otro día te lo cuento.

Me hablaron de una sirena
que no había visto el mar.
La historia tal vez es falsa,
pero el cuento es de verdad.

Hace más de mucho tiempo
las montañas caminaban.
Y, para no tropezar,
se levantaban la falda.

Se cuenta que aquel anciano
era cada vez más joven.
Heredó de sus bisnietos
chupetes y biberones.

Hubo una vez un poeta
que no comprendía nada.
Ni el granero de la hormiga
ni el canto de la cigarra.

Pensaban que aquel camino
no llevaba a ningún sitio.
Solo el viento fue y volvió,
pero a nadie se lo dijo.

Sabía hacer mermelada
con frutas, flores y objetos.
Con las virutas de un lápiz,
con las palabras de un cuento.

RODAR Y RODAR

Para rodar y rodar,
hay que ir en bicicleta
por un camino que llegue
hasta un lejano planeta.

Para rodar y rodar,
hay que ir en monociclo
entre redobles y risas
por una pista de circo.

Para rodar y rodar,
hay que ir en patinete
a un país donde los niños
recuerden ser niños siempre.

Para rodar y rodar,
hay que viajar en un tren
que dé vueltas por el mundo
y pare en cualquier andén.

Para rodar y rodar,
hay que viajar por un cuento,
llegar al final feliz
aunque nos dure un momento.

R

Colección **Poesía**

Rúa de Pastor Díaz, n.º 1, 4.º B - 36001 Pontevedra
Tel.: 986 860 276
editora@kalandraka.com
www.kalandraka.com

Impreso en Gráficas Anduriña, Poio
Primera edición: abril, 2026
ISBN: 978-84-1343-441-4
DL: PO 86-2026